DIESES BUCH GEHÖRT

_____

_____

D1727399

Zum Glück gibt es
FREUNDE

FACKEL
TRÄGER
VERLAG

*K*eine Arznei erschließt das Herz
so sehr wie ein treuer Freund, dem
man seine Leiden und Freuden,
Ängste und Hoffnungen, seine
Sorgen und Geheimnisse und alles,
was sonst noch das Herz bedrückt,
bekennen kann.

Francis Bacon

Kleine Freunde
können sich als große erweisen.

Äsop

FISCHEN

Arthur Hunter

IM THEATER
James Hayllar 1829–1920

*N*atürlich ist es unmoralisch, die Frau eines Freundes zu verführen. Aber wer kommt schon an die Frau eines Feindes heran?

George Moore

I ch habe meine Ehemänner gewechselt, aber nicht meine Freunde.

Brigitte Bardot

W enn die richtige Stunde gekommen ist, trifft man einen guten Freund. Wenn sie vorüber ist, begegnet man einer schönen Frau.

Chinesische Redensart

FRÜHSTÜCK
IM FREIEN
Claude Monet 1840–1926

ir alle brauchen mitunter Freunde.

Oscar Wilde

*E*s ist ganz natürlich, daß wir Leute um uns
versammeln, deren Verhaltensweisen und
Neigungen mit den unseren übereinstimmen.

Mark Twain

Die Freunde meiner Freunde
sind auch meine Freunde.

Französisches Sprichwort

TANZ AUF DEM LANDE
Auguste Renoir 1841–1919

*F*reundschaft und Liebe
erzeugen das Glück des menschlichen Lebens
wie zwei Lippen den Kuß,
welcher die Seele entzückt.

Friedrich Hebbel

Der ist ein guter Freund,
der hinter unserem Rücken gut von uns spricht.

Englische Redensart

Freundschaft ist nicht nur ein köstliches Geschenk,
sondern auch eine dauernde Aufgabe.

Ernst Zacharias

Anteilnehmende
Freundschaft macht
das Glück strahlender und
erleichtert das Unglück.

Cicero

Es ist besser, einen Freund zu haben, der viel wert ist,
als viele zu haben, die nichts wert sind.

Zinkgref

Es ist beschämender, seinen Freunden zu mißtrauen,
als von ihnen getäuscht zu werden.

Duc de la Rochefoucauld

Verstand und Gemüt:
beides verlange ich
von meinen Freunden,
denn der Verstand allein
versteht selten,
was das Herz spricht.

Theodor Storm

AM BRUNNEN

Egisto Ferroni 1835–1912

DER SCHIFFSBALL

James Tissot 1836–1902

Ein Gott, eine Frau,
aber viele Freunde.

Holländisches Sprichwort

Copyright © 1996 Four Seasons Publishing Ltd
Surrey, KT2 7EY, England

Für die deutsche Ausgabe:
© 1999 Fackelträger Verlag
Würzburger Straße 14, 26121 Oldenburg
Printed in Singapore
ISBN 3-7716-2139-9

Titelbild: DIE BLUMENBINDERINNEN, Stephano Novo, 19. Jahrhundert
Innentitel und Buchrücken: STADT UND LAND, George Henry Boughton 1833 – 1905
Vorsatz: FRÜHSTÜCK IM FREIEN, Claude Monet 1840 – 1926
Frontispiz: TANZ IN DER STADT, Auguste Renoir 1841 – 1919

Freunde
sprechen miteinander
in achtungsvoller Offenheit.

M. Scheer

Schließe Freundschaft mit
eines Menschen Güte,
nicht mit seinen Gütern!

Chinesische Redensart

ZWEI DAMEN

Rosa Brett 1858–1881

Vielleicht muß man die Liebe gefühlt haben,
um die Freundschaft richtig zu erkennen.

Chamfort

*L*iebende Freundschaft überwindet alles!

Petrarca

*D*ie kluge Frau sucht nicht nach grauen Haaren;
sie erfährt von ihrer Freundin, daß sie welche hat.

Robert Lembke

*D*ie meisten Freundschaften
zerbrechen nicht, sondern verwelken.

Ernst Zacharias

*W*enn ein Freund bittet,
gibt es kein „Morgen".

Spanisches Sprichwort

DAS BETT

Henri de Toulouse-Lautrec 1864–1901

Im Mißgeschick erkennt man Freundestreuen.
Die Leute sagen's. Doch ich hab' erfahren:
Die Freunde, die sich neidlos mit uns freuen,
nicht die uns trösten kommen, sind die wahren.

Georg Ebers

PICKNICK IM MAI
Szinyei Merse Pal 1845-1920

Zu den Gastmählern deiner Freunde gehe langsam, zu den Unglücksfällen schnell.

Chilon

Bücher und Freunde soll man wenige und gute haben.

Spanisches Sprichwort

illst du einen Freund gewinnen, sei selber einer.

Herbert Louis Samuel

Wertvoller als wahre
Freunde ist nichts,
nicht Geld, nicht Herrschaft.

Euripides

Ein Freund ist ein Mensch, mit dem ich aufrichtig sein
kann; vor ihm kann ich laut denken.

Ralph Waldo Emerson

DEIN ZUG!

Giovanni Garinei geb. 1846

Öl, Wein und Freunde – je älter, desto besser.

Portugiesisches Sprichwort

DIE BARKE

Claude Monet 1840–1926

Die Freundschaft ist das edelste Gefühl,
dessen das Menschenherz fähig ist.

Hilty

Freundschaft, das ist wie Heimat.

Kurt Tucholsky

Wer einen
Freund sucht
ohne Fehler,
bleibt ohne Freund.

Türkische Lebensweisheit

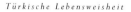

DAS MEDAILLON BEWUNDERND

Pio Ricci 1850–1919

Freundschaft ist Honig –
aber iß nicht alles auf einmal.

marokkanisches Sprichwort

Freundschaft ist eine Seele in zwei Körpern.

Aristoteles

Menschen sind einsam,
weil sie Mauern statt
Brücken bauen.

J. F. Newton

Was ist denn ein Freund? Ein Wahlverwandter.

Helvetius

EIN GESELLIGER NACHMITTAG
AM STRAND
Frederik H. Kaemmerer 1839–1902